The Adventurous Lion: Bilingual Spanish-English Stories for Kids

Artici Kids

Published by Artici Kids, 2024.

While every precaution has been taken in the preparation of this book, the publisher assumes no responsibility for errors or omissions, or for damages resulting from the use of the information contained herein.

THE ADVENTUROUS LION: BILINGUAL SPANISH-ENGLISH STORIES FOR KIDS

First edition. June 9, 2024.

ISBN: 979-8227651136

Written by Artici Kids.

Table of Contents

La Abeja Valiente y el Misterio del Jardín Encantado

———

Había una vez una pequeña abeja llamada Berta, que vivía en un colorido y florido jardín. Berta no era una abeja común y corriente; era valiente, curiosa y siempre estaba buscando aventuras. Todos en la colmena la conocían como "Berta la Valiente".

Un soleado día de primavera, mientras Berta revoloteaba entre las flores recolectando néctar, escuchó un susurro suave que provenía de un rincón del jardín que nunca había explorado antes. Con su intrépido espíritu, decidió investigar. Voló hacia el rincón misterioso, donde encontró una vieja puerta de madera cubierta de enredaderas.

Berta, con su pequeño aguijón, golpeó suavemente la puerta. Para su sorpresa, la puerta se abrió lentamente, revelando un jardín secreto. Era un lugar mágico, con flores que brillaban en colores que Berta nunca había visto antes, y un aroma dulce y encantador llenaba el aire. En el centro del jardín, había una enorme flor dorada que irradiaba una luz cálida y acogedora.

De repente, Berta escuchó un leve sollozo. Siguiendo el sonido, encontró a una mariposa con las alas brillantes pero caídas, atrapada en una telaraña. Sin dudarlo, Berta voló hacia la mariposa y comenzó a morder la telaraña con su mandíbula. Tras un arduo trabajo, logró liberar a la mariposa.

—¡Gracias! —dijo la mariposa con gratitud—. Me llamo Mimi. ¿Cómo puedo devolverte el favor?

—Soy Berta —dijo la abeja—. Y no necesitas devolverme nada. Ayudar es lo que hacemos en nuestra colmena. Pero, dime, ¿qué es este lugar?

—Este es el Jardín Encantado —respondió Mimi—. Hace mucho tiempo, este jardín era un refugio para todas las criaturas pequeñas, pero últimamente ha estado cubierto por una nube de tristeza. La flor dorada en el centro es el corazón del jardín. Si se marchita, todo el jardín se marchitará también.

Berta miró hacia la flor dorada y notó que sus pétalos estaban comenzando a caer. Sabía que debía hacer algo para salvar el jardín.

—¿Cómo podemos salvarla? —preguntó Berta decidida.

—La flor necesita el néctar de las flores más lejanas del jardín para recuperarse —explicó Mimi—. Pero llegar hasta allí es peligroso, muchos han intentado y nunca han regresado.

Berta no se dejó intimidar. Con valentía y determinación, decidió emprender la misión. Voló hacia las profundidades del Jardín Encantado, enfrentando vientos fuertes y esquivando arañas gigantes. Su corazón palpitaba con fuerza, pero su deseo de salvar el jardín era aún más grande.

Después de un arduo viaje, Berta llegó a una sección del jardín donde las flores brillaban con un resplandor especial. Con delicadeza, recolectó el néctar y emprendió el vuelo de regreso. En el camino, se encontró con un grupo de hormigas que estaban atrapadas en un charco de agua. Sin pensarlo dos veces, Berta las ayudó a salir, mostrando una vez más su corazón generoso.

Finalmente, Berta regresó al centro del jardín y vertió el néctar en la flor dorada. Al instante, la flor comenzó a brillar intensamente, sus pétalos se alzaron y el jardín entero se llenó de vida y color. Las criaturas del jardín se reunieron alrededor de Berta, aplaudiendo y vitoreando.

—¡Eres nuestra heroína, Berta! —dijo Mimi, mientras las otras criaturas la rodeaban en un abrazo cálido.

Berta, modestamente, sonrió y dijo:

—Sólo hice lo que cualquier abeja haría. Juntos, podemos hacer del mundo un lugar más bonito.

Desde ese día, el Jardín Encantado floreció como nunca antes, y Berta se convirtió en una leyenda entre las criaturas del jardín. Siempre recordaron su valentía y generosidad, y Berta, "La Abeja Valiente", continuó viviendo aventuras y ayudando a quienes lo necesitaban.

Y así, en un rincón mágico del mundo, vivió una pequeña abeja que demostró que, con coraje y un corazón generoso, se pueden superar los mayores desafíos y hacer del mundo un lugar más hermoso.

The Brave Bee and the Mystery of the Enchanted Garden

Once upon a time, there was a small bee named Berta, who lived in a colorful and flowery garden. Berta was not an ordinary bee; she was brave, curious, and always looking for adventures. Everyone in the hive knew her as "Berta the Brave."

One sunny spring day, while Berta buzzed among the flowers collecting nectar, she heard a soft whisper coming from a corner of the garden she had never explored before. With her fearless spirit, she decided to investigate. She flew towards the mysterious corner, where she found an old wooden door covered in vines.

Berta, with her tiny stinger, gently knocked on the door. To her surprise, the door slowly opened, revealing a secret garden. It was a magical place, with flowers that shone in colors Berta had never seen before, and a sweet, enchanting aroma filled the air. In the center of the garden, there was a huge golden flower that radiated a warm and welcoming light.

Suddenly, Berta heard a faint sob. Following the sound, she found a butterfly with bright but drooping wings, trapped in a spider web. Without hesitation, Berta flew to the butterfly and began to nibble on the web with her mandibles. After hard work, she managed to free the butterfly.

"Thank you!" said the butterfly gratefully. "My name is Mimi. How can I repay you?"

"I'm Berta," said the bee. "And you don't need to repay me. Helping is what we do in our hive. But tell me, what is this place?"

"This is the Enchanted Garden," Mimi explained. "Long ago, this garden was a haven for all small creatures, but lately, it has been covered by a cloud of sadness. The golden flower in the center is the heart of the garden. If it withers, the entire garden will wither too."

Berta looked at the golden flower and noticed its petals were starting to fall. She knew she had to do something to save the garden.

"How can we save it?" asked Berta determinedly.

"The flower needs nectar from the farthest flowers in the garden to recover," Mimi explained. "But getting there is dangerous, many have tried and never returned."

Berta was undaunted. With courage and determination, she decided to undertake the mission. She flew into the depths of the Enchanted Garden, facing strong winds and dodging giant spiders. Her heart pounded, but her desire to save the garden was even greater.

After a hard journey, Berta reached a section of the garden where the flowers shone with a special glow. Gently, she collected the nectar and set off back. On the way, she found a group of ants trapped in a puddle of water. Without a second thought, Berta helped them out, showing her generous heart once again.

Finally, Berta returned to the center of the garden and poured the nectar into the golden flower. Instantly, the flower began to glow brightly, its petals lifted, and the entire garden filled with life and color. The garden creatures gathered around Berta, clapping and cheering.

"You are our heroine, Berta!" said Mimi, while the other creatures surrounded her in a warm hug.

Berta, modestly, smiled and said:

"I just did what any bee would do. Together, we can make the world a more beautiful place."

From that day on, the Enchanted Garden bloomed like never before, and Berta became a legend among the garden creatures. They always remembered her bravery and generosity, and Berta, "The Brave Bee," continued to live adventures and help those in need.

And so, in a magical corner of the world, lived a little bee who proved that, with courage and a generous heart, the greatest challenges can be overcome, making the world a more beautiful place.

Sofía y el Misterio del Coral Brillante

Había una vez, en las profundidades del océano, una sirena llamada Sofía. Sofía no era una sirena común; tenía una larga melena de color esmeralda que brillaba bajo el sol y una cola que cambiaba de color dependiendo de su humor. Vivía en el Reino de las Perlas, un lugar mágico lleno de corales resplandecientes, peces de todos los colores y criaturas marinas amistosas.

A Sofía le encantaba explorar el océano y descubrir nuevos rincones secretos. Un día, mientras nadaba cerca de un arrecife, encontró un misterioso coral que emitía una luz brillante y dorada. Intrigada, se acercó y notó que había una pequeña grieta en el coral, de donde salía la luz.

—¿Qué será esto? —se preguntó Sofía en voz alta.

De repente, un pececito llamado Pepito, que siempre había sido su fiel compañero de aventuras, se acercó nadando rápidamente.

—¡Sofía! ¡No te acerques demasiado! —advirtió Pepito—. He oído que ese coral esconde un gran misterio.

Sofía, con su naturaleza curiosa, no pudo resistirse.

—Pepito, tenemos que descubrir qué hay detrás de esta luz. ¡Podría ser algo increíble!

Pepito suspiró, sabiendo que no podría detenerla. Así que decidió acompañarla en su aventura. Juntos, nadaron alrededor del coral, buscando una entrada. Después de un rato, encontraron una pequeña cueva oculta entre las rocas.

—Aquí vamos —dijo Sofía con determinación, entrando en la cueva.

Dentro, la luz dorada se hacía más y más brillante. Pronto, llegaron a una gran cámara submarina llena de cristales relucientes y algas luminosas. En el centro de la cámara, flotando sobre un pedestal de coral, había un collar hecho de perlas y con un gran rubí en el centro que emitía la luz dorada.

—¡Es hermoso! —exclamó Sofía, nadando hacia el collar.

Pero antes de que pudiera tocarlo, una anguila morena apareció de la nada, rodeando el collar con su cuerpo.

—¿Quién osa perturbar mi guarida? —silbó la anguila con ojos penetrantes.

—Soy Sofía, y este es mi amigo Pepito —respondió Sofía con valentía—. No queríamos molestarte. Solo estábamos curiosos por la luz.

La anguila la observó con atención y luego se relajó un poco.

—Soy Elvira, la Guardiana del Collar. Este objeto es muy poderoso y debe ser protegido.

—¿Qué hace el collar? —preguntó Pepito, siempre el más prudente.

—Este collar tiene el poder de sanar y purificar las aguas del océano —explicó Elvira—. Pero también puede ser muy peligroso si cae en las manos equivocadas. Hace mucho tiempo, el Rey Tritón lo creó para mantener el equilibrio en el océano, pero fue robado por una bruja malvada. Logré recuperarlo y lo escondí aquí para protegerlo.

Sofía miró el collar con admiración y respeto.

—No queremos hacer daño. Solo queremos ayudar. Si hay algo que podamos hacer para proteger el océano, por favor, dínoslo.

Elvira vio la sinceridad en los ojos de Sofía y Pepito. Después de un momento de reflexión, dijo:

—Hay un lugar en el Reino de las Sombras, donde la bruja malvada aún vive. Si podemos purificar esas aguas oscuras, el océano entero estará a salvo. Pero es una misión peligrosa.

Sofía asintió con determinación.

—Iremos. Juntos, podemos hacerlo.

Elvira les entregó el collar y les dio instrucciones sobre cómo usarlo. Sofía se lo colocó alrededor del cuello, sintiendo una energía cálida y poderosa recorrer su cuerpo. Con Pepito a su lado, emprendieron el viaje hacia el Reino de las Sombras.

Nadaron durante horas, enfrentando corrientes fuertes y evitando criaturas peligrosas. Finalmente, llegaron a una región oscura y lúgubre del océano. Las aguas eran turbias y había muy poca vida. En el centro de esta región, vieron una cueva oscura de donde emanaba una niebla negra.

—Ahí es donde vive la bruja —dijo Pepito, temblando un poco.

Sofía apretó el collar y nadó hacia la cueva. Dentro, la bruja los estaba esperando, con una sonrisa malvada en su rostro.

—¿Quién osa desafiarme? —dijo con una voz escalofriante.

—Soy Sofía, y estoy aquí para purificar estas aguas y traer paz al océano —dijo con valentía.

La bruja rió con desprecio.

—¿Tú? ¿Una simple sirena? Veremos si tienes el valor.

Con un movimiento de sus manos, la bruja lanzó un hechizo oscuro hacia Sofía. Pero el collar brilló intensamente, formando un escudo protector a su alrededor. Sofía, sintiendo el poder del collar, comenzó a recitar las palabras mágicas que Elvira le había enseñado.

—Luz de las perlas, pureza del océano, ¡purifica estas aguas y destierra la oscuridad!

Una onda de energía dorada salió del collar, envolviendo a la bruja y a toda la cueva. La niebla negra comenzó a disiparse y las aguas se aclararon. La bruja gritó y se desvaneció en un torbellino de sombras.

Cuando todo se calmó, Sofía y Pepito se dieron cuenta de que las aguas alrededor de la cueva eran ahora claras y llenas de vida. Habían logrado purificar el Reino de las Sombras.

—¡Lo logramos! —exclamó Pepito, nadando felizmente alrededor de Sofía.

—Sí, lo hicimos juntos —dijo Sofía, sonriendo.

Regresaron al Reino de las Perlas, donde Elvira y todas las criaturas marinas los esperaban con alegría. Elvira les agradeció por su valentía y determinación.

—Gracias a ustedes, el océano está a salvo una vez más. El collar permanecerá aquí, protegido, para asegurar que nuestro hogar siga siendo un lugar de paz y armonía.

Desde ese día, Sofía fue conocida como la "Sirena Valiente" en todo el océano. Continuó explorando y protegiendo su hogar, siempre con Pepito a su lado. Y así, en las profundidades del mar, vivió una sirena que demostró que con valor y un corazón puro, se pueden superar los mayores desafíos y hacer del mundo un lugar más hermoso.

Sofía and the Mystery of the Shining Coral

Once upon a time, in the depths of the ocean, there was a mermaid named Sofía. Sofía was not an ordinary mermaid; she had long emerald-colored hair that sparkled under the sun and a tail that changed color depending on her mood. She lived in the Kingdom of Pearls, a magical place filled with glowing corals, fish of all colors, and friendly sea creatures.

Sofía loved exploring the ocean and discovering new secret corners. One day, while swimming near a reef, she found a mysterious coral emitting a bright golden light. Intrigued, she approached and noticed a small crack in the coral from which the light was coming.

"What could this be?" Sofía wondered out loud.

Suddenly, a little fish named Pepito, who had always been her faithful adventure companion, swam up quickly.

"Sofía! Don't get too close!" Pepito warned. "I've heard that coral hides a great mystery."

Sofía, with her curious nature, couldn't resist.

"Pepito, we have to find out what's behind this light. It could be something amazing!"

Pepito sighed, knowing he couldn't stop her. So he decided to join her on the adventure. Together, they swam around the coral, looking for an entrance. After a while, they found a small cave hidden among the rocks.

"Here we go," said Sofía determinedly, entering the cave.

Inside, the golden light grew brighter and brighter. Soon, they reached a large underwater chamber filled with glowing crystals and luminous algae. In the center of the chamber, floating on a coral pedestal, was a necklace made of pearls with a large ruby in the center emitting the golden light.

"It's beautiful!" exclaimed Sofía, swimming towards the necklace.

But before she could touch it, a moray eel appeared out of nowhere, wrapping itself around the necklace.

"Who dares disturb my lair?" hissed the eel with piercing eyes.

"I am Sofía, and this is my friend Pepito," replied Sofía bravely. "We didn't mean to bother you. We were just curious about the light."

The eel eyed them closely and then relaxed a bit.

"I am Elvira, the Guardian of the Necklace. This object is very powerful and must be protected."

"What does the necklace do?" asked Pepito, always the cautious one.

"This necklace has the power to heal and purify the ocean's waters," Elvira explained. "But it can also be very dangerous if it falls into the wrong hands. A long time ago, King Triton created it to maintain balance in the ocean, but it was stolen by an evil witch. I managed to recover it and hid it here for safekeeping."

Sofía looked at the necklace with admiration and respect.

"We don't want to cause any harm. We just want to help. If there's anything we can do to protect the ocean, please tell us."

Elvira saw the sincerity in Sofía and Pepito's eyes. After a moment of reflection, she said "There is a place in the Kingdom of Shadows where the evil witch still lives. If we can purify those dark waters, the entire ocean will be safe. But it is a dangerous mission."

Sofía nodded with determination.

"We'll go. Together, we can do it."

Elvira gave them the necklace and instructed them on how to use it. Sofía put it around her neck, feeling a warm, powerful energy flow through her body. With Pepito by her side, they set off for the Kingdom of Shadows.

They swam for hours, facing strong currents and avoiding dangerous creatures. Finally, they reached a dark and gloomy part of the ocean. The waters were murky, and there was very little life. In the center of this region, they saw a dark cave from which black mist emanated.

"That's where the witch lives," said Pepito, trembling a little.

Sofía clutched the necklace and swam towards the cave. Inside, the witch was waiting for them, a wicked smile on her face.

"Who dares challenge me?" she said in a chilling voice.

"I am Sofía, and I am here to purify these waters and bring peace to the ocean" she said bravely.

The witch laughed disdainfully.

"You? A mere mermaid? We'll see if you have the courage."

With a wave of her hands, the witch cast a dark spell towards Sofía. But the necklace shone brightly, forming a protective shield around her. Sofía, feeling the power of the necklace, began to recite the magical words Elvira had taught her.

"Light of the pearls, purity of the ocean, purify these waters and banish the darkness!"

A wave of golden energy shot out from the necklace, enveloping the witch and the entire cave. The black mist began to dissipate, and the waters cleared. The witch screamed and vanished in a whirl of shadows.

When everything calmed down, Sofía and Pepito realized that the waters around the cave were now clear and full of life. They had managed to purify the Kingdom of Shadows.

"We did it!" exclaimed Pepito, swimming happily around Sofía.

"Yes, we did it together," said Sofía, smiling.

They returned to the Kingdom of Pearls, where Elvira and all the sea creatures awaited them with joy. Elvira thanked them for their bravery and determination.

"Thanks to you, the ocean is safe once again. The necklace will remain here, protected, to ensure our home stays a place of peace and harmony."

From that day on, Sofía was known as the "Brave Mermaid" throughout the ocean. She continued to explore and protect her home, always with Pepito by her side. And so, in the depths of the sea, lived a mermaid who proved that with courage and a pure heart, the greatest challenges can be overcome, making the world a more beautiful place.

El Unicornio Curioso y la Aventura en el Bosque Encantado

En un bosque mágico y colorido, donde los árboles susurraban secretos y las flores bailaban con el viento, vivía un unicornio llamado Lucas. Lucas no era un unicornio común y corriente; tenía un pelaje blanco como la nieve y un cuerno dorado que brillaba bajo la luz del sol. Pero lo que realmente lo hacía especial era su curiosidad insaciable y su deseo de explorar el mundo que lo rodeaba.

Una mañana soleada, mientras Lucas galopaba por el bosque, se encontró con un sendero que nunca había explorado antes. Intrigado, decidió seguirlo. Pronto, el sendero lo llevó a un claro del bosque donde encontró algo que nunca había visto antes: una puerta de madera tallada con extraños símbolos grabados en ella.

—¡Qué misterio! —exclamó Lucas, asombrado por el descubrimiento.

Con su corazón palpitando de emoción, empujó la puerta y entró en un mundo completamente nuevo. Era un bosque aún más encantado que el suyo, con árboles que parecían susurrar canciones antiguas y criaturas mágicas que jugaban entre las sombras.

Mientras Lucas exploraba el bosque encantado, escuchó un suave murmullo que venía de un estanque cercano. Se acercó con cautela y descubrió a una familia de hadas que estaban en problemas. Habían perdido su varita mágica y no podían encontrarla por ningún lado.

—¡Hola! —saludó Lucas con entusiasmo—. ¿Puedo ayudarlos?

Las hadas miraron al unicornio con sorpresa y alegría.

—¡Oh, sí! —exclamó la hada mayor—. Hemos perdido nuestra varita mágica y sin ella, no podemos hacer que las flores florezcan ni que las estrellas brillen en el cielo.

Lucas sonrió con determinación.

—No se preocupen, ¡yo encontraré su varita mágica!

Con su aguda vista y su olfato sensible, Lucas comenzó a buscar por todo el estanque. Después de un rato, vio un destello dorado entre las hojas y, con un salto ágil, atrapó la varita mágica con su boca.

—¡Aquí está! —anunció Lucas, entregándoles la varita a las hadas.

Las hadas estaban encantadas y agradecidas. Con un giro de la varita, hicieron que las flores florecieran y las estrellas brillaran en el cielo nocturno. Estaban tan agradecidas que decidieron invitar a Lucas a unirse a ellos en una fiesta mágica bajo la luz de la luna.

—¡Gracias, Lucas, por tu valentía y generosidad! —dijeron las hadas, rodeando al unicornio en un abrazo brillante.

Lucas se sintió abrumado por la felicidad. Nunca antes había experimentado tanta magia y alegría en su vida. Desde ese día en adelante, el bosque encantado se convirtió en su segundo hogar, donde compartía aventuras y risas con sus nuevos amigos mágicos.

Y así, en un rincón mágico del mundo, vivió un unicornio que demostró que con curiosidad y corazón, se pueden encontrar maravillas en los lugares más inesperados y hacer amigos que durarán para siempre.

The Curious Unicorn and the Adventure in the Enchanted Forest

In a magical and colorful forest, where trees whispered secrets and flowers danced with the wind, lived a unicorn named Lucas. Lucas was not an ordinary unicorn; he had a coat as white as snow and a golden horn that sparkled under the sunlight. But what truly made him special was his insatiable curiosity and his desire to explore the world around him.

One sunny morning, while Lucas was galloping through the forest, he stumbled upon a path he had never explored before. Intrigued, he decided to follow it. Soon, the path led him to a clearing in the forest where he found something he had never seen before: a wooden door carved with strange symbols.

"What a mystery!" exclaimed Lucas, amazed by the discovery.

With his heart pounding with excitement, he pushed the door and entered a completely new world. It was a forest even more enchanted than his own, with trees that seemed to whisper ancient songs and magical creatures playing among the shadows.

As Lucas explored the enchanted forest, he heard a soft murmur coming from a nearby pond. He approached cautiously and discovered a family of fairies who were in trouble. They had lost their magic wand and couldn't find it anywhere.

"Hello!" greeted Lucas eagerly. "Can I help you?"

The fairies looked at the unicorn with surprise and joy.

"Oh, yes!" exclaimed the elder fairy. "We have lost our magic wand and without it, we cannot make the flowers bloom or the stars shine in the sky."

Lucas smiled determinedly.

"Don't worry, I will find your magic wand!"

With his sharp sight and sensitive sense of smell, Lucas began to search all around the pond. After a while, he spotted a golden glimmer among the leaves and, with an agile leap, caught the magic wand in his mouth.

"Here it is!" announced Lucas, handing the wand to the fairies.

The fairies were delighted and grateful. With a wave of the wand, they made the flowers bloom and the stars shine in the night sky. They were so thankful that they decided to invite Lucas to join them in a magical party under the moonlight.

"Thank you, Lucas, for your bravery and generosity!" said the fairies, surrounding the unicorn in a sparkling hug.

Lucas felt overwhelmed with happiness. He had never before experienced so much magic and joy in his life. From that day on, the enchanted forest became his second home, where he shared adventures and laughter with his new magical friends.

And so, in a magical corner of the world, lived a unicorn who showed that with curiosity and heart, one can find wonders in the most unexpected places and make friends that will last forever.

El León Aventurero y el Misterio de la Selva Encantada

En la exuberante y vibrante selva africana, donde los árboles se alzaban majestuosos y los ríos fluían con vida, vivía un león llamado Leónidas. Leónidas no era un león común y corriente; tenía una melena dorada que relucía bajo el sol y unos ojos tan brillantes como las estrellas en la noche. Pero lo que realmente lo hacía especial era su espíritu aventurero y su pasión por descubrir los secretos ocultos de la selva.

Una mañana soleada, mientras Leónidas paseaba por la selva, tropezó con un sendero desconocido que se adentraba en la espesura. Intrigado, decidió seguirlo. Pronto, el sendero lo llevó a un claro del bosque donde encontró algo que nunca había visto antes: una antigua estatua tallada en piedra con extraños símbolos grabados en ella.

—¡Vaya, vaya, vaya! —exclamó Leónidas, asombrado por el descubrimiento.

Con su curiosidad desbordante, se acercó a la estatua y comenzó a examinar los símbolos. De repente, una luz mágica llenó el claro y la estatua cobró vida ante sus ojos.

—¡Saludos, valiente viajero! —dijo la estatua con una voz resonante—. Soy el guardián de la Selva Encantada. ¿Qué te trae a este lugar misterioso?

Leónidas parpadeó sorprendido, pero luego sonrió con valentía.

—¡Soy Leónidas, el león aventurero! Estoy aquí para descubrir los secretos ocultos de la selva y vivir emocionantes aventuras.

La estatua asintió con aprobación.

—Entonces, has venido al lugar correcto. Pero ten cuidado, la Selva Encantada está llena de peligros y misterios que solo los más valientes pueden enfrentar.

Leónidas se emocionó aún más ante el desafío. Decidió aceptar la invitación de la estatua y adentrarse en la selva encantada en busca de aventuras. Pronto, se encontró en medio de un paisaje deslumbrante lleno de árboles antiguos y criaturas exóticas que nunca había visto antes.

Mientras exploraba la selva encantada, Leónidas escuchó un suave rugido que venía de una cueva cercana. Intrigado, se acercó con cautela y descubrió a una familia de monos que estaban en problemas. Habían perdido a su líder y estaban perdidos en la selva.

—¡Hola! —saludó Leónidas con entusiasmo—. ¿Puedo ayudarlos?

Los monos lo miraron con sorpresa y esperanza.

—¡Oh, sí! —exclamó el mono mayor—. Hemos perdido a nuestro líder y no podemos encontrarlo por ningún lado. Estamos perdidos y asustados.

Leónidas sonrió con determinación.

—No se preocupen, ¡yo encontraré a su líder perdido!

Con su agudo oído y su sentido del olfato, Leónidas comenzó a buscar por toda la selva. Después de un rato, escuchó un débil grito que provenía de lo alto de un árbol. Miró hacia arriba y vio al líder mono atrapado en una rama alta.

—¡Aquí está! —anunció Leónidas, escalando el árbol con agilidad para rescatar al mono.

Los monos estaban aliviados y agradecidos. Con la ayuda de Leónidas, pudieron encontrar el camino de regreso a su hogar en la selva. Estaban tan agradecidos que decidieron invitar a Leónidas a unirse a ellos en una fiesta en la cima de los árboles.

—¡Gracias, Leónidas, por tu valentía y generosidad! —dijeron los monos, rodeando al león en un abrazo alegre.

Leónidas se sintió lleno de alegría y satisfacción. Nunca antes había experimentado tanta gratitud y camaradería en su vida. Desde ese día en adelante, la selva encantada se convirtió en su hogar, donde compartía aventuras y risas con sus nuevos amigos.

Y así, en un rincón mágico de la selva, vivió un león que demostró que con coraje y amistad, se pueden superar los mayores desafíos y descubrir la verdadera magia que se esconde en lo más profundo de la naturaleza.

The Adventurous Lion and the Mystery of the Enchanted Jungle

In the lush and vibrant African jungle, where the trees stood tall and the rivers flowed with life, lived a lion named Leonidas. Leonidas was no ordinary lion; he had a golden mane that shimmered in the sun and eyes as bright as the stars at night. But what truly set him apart was his adventurous spirit and his passion for uncovering the hidden secrets of the jungle.

One sunny morning, as Leonidas roamed through the jungle, he stumbled upon an unknown path that led into the thicket. Intrigued, he decided to follow it. Soon, the path led him to a clearing in the forest where he found something he had never seen before: an ancient stone-carved statue with strange symbols engraved on it.

"Wow, wow, wow!" exclaimed Leonidas, amazed by the discovery.

With his overflowing curiosity, he approached the statue and began to examine the symbols. Suddenly, a magical light filled the clearing and the statue came to life before his eyes.

"Greetings, brave traveler!" said the statue with a resonant voice. "I am the guardian of the Enchanted Jungle. What brings you to this mysterious place?"

Leonidas blinked in surprise, but then smiled bravely.

"I'm Leonidas, the adventurous lion! I'm here to discover the hidden secrets of the jungle and to live exciting adventures."

The statue nodded in approval.

"Then, you have come to the right place. But be careful, the Enchanted Jungle is full of dangers and mysteries that only the bravest can face."

Leonidas became even more excited at the challenge. He decided to accept the statue's invitation and venture into the enchanted jungle in search of adventures. Soon, he found himself amidst a dazzling landscape filled with ancient trees and exotic creatures he had never seen before.

As he explored the enchanted jungle, Leonidas heard a soft roar coming from a nearby cave. Intrigued, he approached cautiously and discovered a family of monkeys in trouble. They had lost their leader and were lost in the jungle.

"Hello!" greeted Leonidas enthusiastically. "Can I help you?"

The monkeys looked at him with surprise and hope.

"Oh, yes!" exclaimed the elder monkey. "We've lost our leader and we can't find him anywhere. We're lost and scared."

Leonidas smiled determinedly.

"Don't worry, I'll find your lost leader!"

With his keen hearing and sense of smell, Leonidas began to search throughout the jungle. After a while, he heard a faint cry coming from high up in a tree. He looked up and saw the monkey leader trapped on a high branch.

"Here he is!" announced Leonidas, climbing the tree with agility to rescue the monkey.

The monkeys were relieved and grateful. With Leonidas's help, they were able to find their way back home in the jungle. They were so thankful that they decided to invite Leonidas to join them in a party at the treetops.

"Thank you, Leonidas, for your bravery and generosity!" said the monkeys, surrounding the lion in a joyful hug.

Leonidas felt filled with joy and satisfaction. He had never before experienced such gratitude and camaraderie in his life. From that day onward, the enchanted jungle became his home, where he shared adventures and laughter with his new friends.

And so, in a magical corner of the jungle, lived a lion who showed that with courage and friendship, one can overcome the greatest challenges and discover the true magic hidden deep within nature.

La Vaca Mágica

En una granja perdida entre colinas verdes y campos dorados, donde las flores bailaban al ritmo del viento y los árboles susurraban secretos al caer la noche, vivía una vaca llamada Margarita. Margarita no era una vaca común y corriente; tenía manchas de colores brillantes que cambiaban con el sol y una mirada llena de chispa y curiosidad. Pero lo que realmente la hacía especial era su don mágico: cada vez que tocaba algo con su hocico, ¡se transformaba en algo sorprendente!

Una soleada mañana, mientras Margarita pastaba en el prado, descubrió una extraña piedra brillante entre la hierba. Con su nariz, la tocó con curiosidad, y ¡de repente, la piedra se convirtió en un brillante globo de colores! Margarita se quedó boquiabierta ante su propia magia y decidió que quería explorar sus habilidades aún más.

Decidida a descubrir el alcance de su poder, Margarita se aventuró más allá de los límites de la granja y exploró el bosque cercano. Allí, se encontró con un arroyo cristalino donde descansaba una familia de patitos. Con un toque de su hocico, ¡los patitos se transformaron en coloridos pájaros cantores que llenaron el bosque con su melodía!

Emocionada por su nueva habilidad, Margarita continuó explorando y experimentando. Pronto, llegó a un pueblo cercano donde la gente estaba celebrando un festival. Con un toque de su hocico en una cesta de manzanas, ¡las manzanas se convirtieron en globos que flotaban por el cielo, deleitando a todos los presentes!

Sin embargo, mientras Margarita disfrutaba de su nueva vida llena de magia y aventuras, algo extraño comenzó a suceder en la granja. Los animales estaban desconcertados por los cambios repentinos en su entorno, y los granjeros estaban preocupados por el misterio que rodeaba a su vaca Margarita.

Un día, mientras Margarita estaba explorando el campo vecino, se encontró con una anciana sabia que vivía en una cabaña al borde del bosque. La anciana miró a Margarita con ojos sabios y una sonrisa enigmática.

—¿Quién eres tú, criatura mágica? —preguntó la anciana con una voz suave pero firme.

Margarita se presentó humildemente y le contó a la anciana sobre su don mágico y sus aventuras en la granja y más allá. La anciana escuchó atentamente y luego le reveló a Margarita un secreto que cambiaría todo.

—Querida Margarita, tu don es poderoso pero peligroso. La magia debe ser utilizada con sabiduría y responsabilidad, de lo contrario, puede traer consecuencias inesperadas. Debes regresar a tu granja y encontrar una manera de usar tu magia para ayudar a tus amigos y vecinos, en lugar de causar caos y confusión.

Margarita reflexionó sobre las palabras de la anciana y se dio cuenta de que tenía razón. Decidió regresar a la granja y usar su magia para hacer el bien en lugar de causar problemas. Con un toque de su hocico, transformó los campos secos en verdes prados llenos de flores y los estanques en refrescantes piscinas para los animales sedientos.

Los granjeros y los animales quedaron asombrados y agradecidos por los milagros que Margarita había creado con su magia. A partir de ese día, Margarita se convirtió en la protectora mágica de la granja, utilizando su don para ayudar a todos a su alrededor y traer alegría y prosperidad a la comunidad.

Y así, en una tranquila granja entre colinas y campos, vivía una vaca que demostró que incluso las criaturas más humildes pueden tener un gran impacto cuando usan sus dones con bondad y compasión.

The Magic Cow

In a farm nestled among green hills and golden fields, where flowers danced to the rhythm of the wind and trees whispered secrets in the night, lived a cow named Daisy. Daisy was not an ordinary cow; she had spots of bright colors that changed with the sun and eyes full of sparkle and curiosity. But what truly made her special was her magical gift: every time she touched something with her nose, it transformed into something amazing!

One sunny morning, while Daisy was grazing in the meadow, she discovered a strange shiny stone among the grass. With her nose, she touched it curiously, and suddenly, the stone turned into a bright, colorful balloon! Daisy was amazed by her own magic and decided she wanted to explore her abilities even more.

Determined to uncover the extent of her power, Daisy ventured beyond the boundaries of the farm and explored the nearby forest. There, she came across a crystal-clear stream where a family of ducklings rested. With a touch of her nose, the ducklings turned into colorful songbirds that filled the forest with their melody!

Excited by her new ability, Daisy continued to explore and experiment. Soon, she reached a nearby village where people were celebrating a festival. With a touch of her nose on a basket of apples, the apples turned into balloons that floated through the sky, delighting everyone present!

However, while Daisy enjoyed her new life full of magic and adventures, something strange began to happen on the farm. The animals were puzzled by the sudden changes in their environment, and the farmers were worried about the mystery surrounding their cow Daisy.

One day, while Daisy was exploring the neighboring field, she came across a wise old woman who lived in a cottage on the edge of the forest. The old woman looked at Daisy with wise eyes and an enigmatic smile.

"Who are you, magical creature?" asked the old woman with a soft yet firm voice.

Daisy introduced herself humbly and told the old woman about her magical gift and her adventures on the farm and beyond. The old woman listened attentively and then revealed to Daisy a secret that would change everything.

"Dear Daisy, your gift is powerful but dangerous. Magic must be used with wisdom and responsibility, otherwise, it can bring unexpected consequences. You must return to your farm and find a way to use your magic to help your friends and neighbors, instead of causing chaos and confusion."

Daisy reflected on the old woman's words and realized she was right. She decided to return to the farm and use her magic for good instead of causing trouble. With a touch of her nose, Daisy transformed the dry fields into lush green meadows filled with flowers and the ponds into refreshing pools for the thirsty animals.

The farmers and the animals were astonished and grateful for the miracles Daisy had created with her magic. From that day on, Daisy became the magical protector of the farm, using her gift to help everyone around her and bring joy and prosperity to the community.

And so, in a tranquil farm nestled among hills and fields, lived a cow who showed that even the humblest creatures can have a great impact when they use their gifts with kindness and compassion.

El Secreto del Castillo Encantado

En un pequeño pueblo rodeado de verdes prados y colinas ondulantes, vivían dos hermanas llamadas María y Laura. María era la mayor, con su cabello rizado y su espíritu valiente, mientras que Laura era la más pequeña, con su sonrisa brillante y su imaginación desbordante. Juntas, formaban un equipo imparable de aventureras que siempre estaban listas para descubrir nuevos misterios y desafíos.

Una tarde soleada, mientras exploraban el bosque cerca de su casa, María y Laura se toparon con un sendero secreto que conducía a un antiguo castillo cubierto de enredaderas y misterio.

—¡Mira, Laura! ¡Un castillo encantado! —exclamó María, con los ojos brillando de emoción.

Laura asintió con entusiasmo.

—¡Vamos a explorarlo!

Con valentía y determinación, las hermanas entraron al castillo, listas para descubrir los secretos que se escondían dentro. Pronto, se encontraron con un pasillo oscuro y polvoriento que parecía llevar a ninguna parte.

—¿Qué crees que encontraremos, María? —preguntó Laura, temblando un poco de emoción.

María sonrió con confianza.

—¡Quién sabe, Laura! Pero sea lo que sea, lo enfrentaremos juntas.

Decididas a seguir adelante, las hermanas avanzaron por el pasillo, guiadas por la luz de una linterna vieja que habían encontrado en el camino. Pronto, llegaron a una gran sala llena de antigüedades y tesoros olvidados.

—¡Guau, mira todo esto! —exclamó Laura, maravillada por la vista.

Pero mientras exploraban la sala, escucharon un ruido extraño que provenía de una puerta secreta en el fondo.

—¿Qué será eso? —preguntó María, con una ceja levantada.

Intrigadas, las hermanas se acercaron a la puerta y la abrieron lentamente. Para su sorpresa, se encontraron en una habitación aún más grande y misteriosa, con paredes cubiertas de extraños símbolos y un trono en el centro.

—¡Este debe ser el trono del rey del castillo! —exclamó María, emocionada por el descubrimiento.

Pero justo cuando estaban a punto de investigar más a fondo, la puerta se cerró de golpe detrás de ellas, dejándolas atrapadas en la habitación.

—¡Oh no, estamos encerradas! —exclamó Laura, con los ojos llenos de temor.

María se mantuvo tranquila y pensativa.

—No te preocupes, Laura. Encontraremos una manera de salir de aquí.

Con ingenio y trabajo en equipo, las hermanas buscaron pistas y descubrieron un mecanismo secreto que abría la puerta. Con un poco de esfuerzo y cooperación, lograron liberarse de la habitación y continuar su exploración del castillo.

A medida que avanzaban por los pasillos oscuros y las salas polvorientas, descubrieron más secretos y tesoros ocultos, incluyendo un mapa antiguo que mostraba la ubicación de un tesoro perdido en el bosque cercano.

—¡Debemos encontrar ese tesoro, María! ¡Será nuestra mayor aventura! —exclamó Laura, con los ojos brillando de emoción.

María asintió con una sonrisa.

—¡Claro que sí, Laura! ¡Vamos por ese tesoro!

Con determinación renovada, las hermanas salieron del castillo y siguieron el mapa hacia el bosque. A lo largo del camino, se enfrentaron a desafíos y obstáculos, pero con su ingenio y coraje, lograron superarlos uno por uno.

Finalmente, llegaron al lugar donde el mapa indicaba que el tesoro estaría escondido. Con una pala y mucha paciencia, excavaron en la tierra hasta que finalmente encontraron un cofre antiguo lleno de monedas de oro y joyas brillantes.

—¡Lo encontramos, María! ¡Lo encontramos! —exclamó Laura, saltando de alegría.

María abrazó a su hermana con cariño.

—Sí, lo hicimos, Laura. Y lo hicimos juntas.

Con el tesoro en sus manos y el corazón lleno de alegría, las hermanas regresaron a casa, donde compartieron su aventura con su familia y amigos. Desde ese día en adelante, María y Laura fueron conocidas como las Hermanas Aventureras, cuyas hazañas inspiraban a todos a perseguir sus sueños y enfrentar los desafíos con valentía y determinación.

Y así, en un pequeño pueblo entre colinas y bosques, vivían dos hermanas cuyo lazo de amor y aventura los llevaba a lugares mágicos y emocionantes, demostrando que juntas, no había desafío que no pudieran superar.

The Secret of the Enchanted Castle

In a small village surrounded by green meadows and rolling hills, lived two sisters named Maria and Laura. Maria was the elder, with her curly hair and brave spirit, while Laura was the younger, with her bright smile and overflowing imagination. Together, they formed an unstoppable team of adventurers who were always ready to discover new mysteries and challenges.

One sunny afternoon, while exploring the woods near their home, Maria and Laura stumbled upon a secret path that led to an ancient castle covered in vines and mystery.

"Look, Laura! A enchanted castle!" exclaimed Maria, her eyes shining with excitement.

Laura nodded eagerly.

"Let's explore it!"

With bravery and determination, the sisters entered the castle, ready to uncover the secrets hidden within. Soon, they found themselves in a dark and dusty hallway that seemed to lead nowhere.

"What do you think we'll find, Maria?" asked Laura, trembling with excitement.

Maria smiled confidently.

"Who knows, Laura! But whatever it is, we'll face it together."

Determined to press on, the sisters walked down the hallway, guided by the light of an old lantern they had found along the way. Soon, they reached a large room filled with antiques and forgotten treasures.

"Wow, look at all this!" exclaimed Laura, amazed by the sight.

But as they explored the room, they heard a strange noise coming from a secret door at the back.

"What could that be?" asked Maria, raising an eyebrow.

Intrigued, the sisters approached the door and opened it slowly. To their surprise, they found themselves in an even larger and more mysterious room, with walls covered in strange symbols and a throne in the center.

"This must be the throne of the castle's king!" exclaimed Maria, excited by the discovery.

But just as they were about to investigate further, the door slammed shut behind them, trapping them in the room.

"Oh no, we're locked in!" cried Laura, her eyes filled with fear.

Maria remained calm and thoughtful.

"Don't worry, Laura. We'll find a way out of here."

With wit and teamwork, the sisters searched for clues and discovered a secret mechanism that opened the door. With a little effort and cooperation, they managed to free themselves from the room and continue their exploration of the castle.

As they ventured through the dark hallways and dusty rooms, they uncovered more secrets and hidden treasures, including an ancient map that showed the location of a lost treasure in the nearby forest.

"We must find that treasure, Maria! It will be our greatest adventure!" exclaimed Laura, her eyes shining with excitement.

Maria nodded with a smile.

"Of course, Laura! Let's go for that treasure!"

With renewed determination, the sisters left the castle and followed the map into the forest. Along the way, they faced challenges and obstacles, but with their wit and courage, they managed to overcome them one by one.

Finally, they reached the spot where the map indicated the treasure would be hidden. With a shovel and a lot of patience, they dug into the ground until they finally uncovered an ancient chest filled with gold coins and sparkling jewels.

"We found it, Maria! We found it!" exclaimed Laura, jumping for joy.

Maria hugged her sister lovingly.

"Yes, we did, Laura. And we did it together."

With the treasure in their hands and their hearts full of joy, the sisters returned home, where they shared their adventure with their family and friends. From that day on, Maria and Laura were known as the Adventurous Sisters, whose exploits inspired everyone to chase their dreams and face challenges with bravery and determination.

And so, in a small village nestled among hills and forests, lived two sisters whose bond of love and adventure took them to magical and exciting places, proving that together, there was no challenge they couldn't overcome.

El Pastel Mágico

En el bullicioso barrio de la ciudad, donde las calles estaban llenas de coloridas tiendas y deliciosos olores, se encontraba la Pastelería de la Abuela Margarita. La pastelería era famosa en todo el vecindario por sus pasteles mágicos que traían alegría a todos los que los probaban.

Un día, mientras la Abuela Margarita preparaba su famoso pastel de chocolate, un rayo de luz brillante se filtró por la ventana y cayó sobre la masa. Para su sorpresa, la masa comenzó a moverse y a cobrar vida, formando un pastel con ojos y una sonrisa brillante.

—¡Oh, pero qué maravilla! —exclamó la Abuela Margarita, sorprendida por el extraño suceso.

El pastel, que ahora estaba completamente vivo, saltó del mostrador y comenzó a explorar la pastelería con curiosidad.

—¡Hola, Abuela Margarita! Soy el Pastel Mágico y estoy listo para vivir una aventura en tu pastelería encantada —dijo el pastel con entusiasmo.

La Abuela Margarita sonrió con cariño.

—¡Bienvenido, Pastel Mágico! ¡Estoy encantada de tenerte aquí! Pero ten cuidado, la pastelería está llena de dulces y sorpresas, ¡así que asegúrate de no comerte a ti mismo!

El Pastel Mágico asintió con una risa chispeante y comenzó a explorar la pastelería con asombro y emoción. Pronto, se encontró con una bandeja de galletas recién horneadas que olían deliciosamente. Con un susurro mágico, las galletas cobraron vida y comenzaron a bailar al ritmo de una melodía alegre.

—¡Vaya, esto es increíble! —exclamó el Pastel Mágico, riendo mientras observaba el espectáculo de baile de las galletas.

Pero la aventura del Pastel Mágico no había hecho más que comenzar. Pronto, se encontró con un grupo de cupcakes traviesos que estaban causando alboroto en la pastelería. Con su ingenio y encanto, el Pastel Mágico logró calmar a los cupcakes y convencerlos de ayudar en la cocina en lugar de hacer travesuras.

—¡Gracias, Pastel Mágico! ¡Nunca nos divertimos tanto en la pastelería! —exclamaron los cupcakes, ahora convertidos en aprendices diligentes.

El Pastel Mágico sonrió con satisfacción y continuó su exploración de la pastelería, descubriendo rincones ocultos y sabores mágicos que nunca antes había probado. Pero mientras se sumergía en su aventura, se topó con un desafío inesperado: un grupo de tartas malhumoradas que se negaban a dejarlo pasar.

—¡Deténganse, Pastel Mágico! Esta pastelería nos pertenece y no permitiremos que un recién llegado como tú nos quite nuestra gloria —dijo la Tarta de Fresa, la líder del grupo.

El Pastel Mágico se mantuvo firme, con una mirada decidida en sus ojos brillantes.

—No vine aquí para pelear, Tarta de Fresa. Vine aquí para compartir la magia de la pastelería y traer alegría a todos los que la visitan.

Con sus palabras sinceras y su corazón bondadoso, el Pastel Mágico logró convencer a las tartas de dejar de lado su orgullo y unirse a él en una deliciosa colaboración. Juntos, crearon un banquete de pasteles y postres que deleitaron a todos los clientes de la pastelería y les recordaron el verdadero significado de la amistad y la cooperación.

Y así, en la Pastelería de la Abuela Margarita, el Pastel Mágico vivió muchas aventuras más, siempre trayendo alegría y magia a todos los que tenía la suerte de conocerlo.

The Magic Cake

In the bustling neighborhood of the city, where the streets were filled with colorful shops and delicious scents, stood Grandma Margarita's Bakery. The bakery was famous throughout the neighborhood for its magical cakes that brought joy to everyone who tasted them.

One day, as Grandma Margarita was preparing her famous chocolate cake, a beam of bright light streamed through the window and fell onto the dough. To her surprise, the dough began to move and come to life, forming a cake with eyes and a bright smile.

"Oh, what a wonder!" exclaimed Grandma Margarita, surprised by the strange event.

The cake, now fully alive, jumped off the counter and began to explore the bakery with curiosity.

"Hello, Grandma Margarita! I'm the Magic Cake and I'm ready to live an adventure in your enchanted bakery," said the cake excitedly.

Grandma Margarita smiled warmly.

"Welcome, Magic Cake! I'm delighted to have you here! But be careful, the bakery is full of sweets and surprises, so make sure not to eat yourself!"

The Magic Cake nodded with a twinkling laugh and began to explore the bakery with wonder and excitement. Soon, it came across a tray of freshly baked cookies that smelled delicious. With a magical whisper, the cookies came to life and began to dance to a cheerful melody.

"Wow, this is amazing!" exclaimed the Magic Cake, laughing as it watched the cookie dance show.

But the Magic Cake's adventure had only just begun. Soon, it encountered a group of mischievous cupcakes that were causing a ruckus in the bakery. With its wit and charm, the Magic Cake managed to calm the cupcakes down and convince them to help out in the kitchen instead of causing mischief.

"Thank you, Magic Cake! We've never had so much fun in the bakery!" exclaimed the cupcakes, now turned into diligent apprentices.

The Magic Cake smiled with satisfaction and continued its exploration of the bakery, discovering hidden nooks and magical flavors that it had never tasted before. But as it delved deeper into its adventure, it encountered an unexpected challenge: a group of grumpy pies that refused to let it pass.

"Stop right there, Magic Cake! This bakery belongs to us and we won't allow a newcomer like you to take away our glory," said Strawberry Pie, the leader of the group.

The Magic Cake stood firm, with a determined look in its bright eyes.

"I didn't come here to fight, Strawberry Pie. I came here to share the magic of the bakery and bring joy to everyone who visits."

With its sincere words and kind heart, the Magic Cake managed to convince the pies to set aside their pride and join it in a delicious collaboration. Together, they created a feast of cakes and desserts that delighted all the bakery's customers and reminded them of the true meaning of friendship and cooperation.

And so, in Grandma Margarita's Bakery, the Magic Cake lived many more adventures, always bringing joy and magic to everyone lucky enough to meet it.